Colección #91

"Menos, es Más"

Amaury González Reyes

OASIS & ALAMBIQUE
PUBLISHING

Published by:
OASIS & ALAMBIQUE PUBLISHING CORP.
Miami, Florida
(c) 2020 Amaury González Reyes
~Colección #91: "Menos, es Más"
ISBN- 9798674212751

Esta Colección #91 fue finalizada en Miami, en el mes de febrero del 2015.

TÍTULOS

1- <u>DIRECTAMENTE INCLUYO AL CORAZÓN</u>

No habrá un momento más gratificante
que verte frente a mis ojos como sea;
tu existencia es inalterable para mí
y pensarte es un aumento del alma.

Recorrer con los párpados tu esencia
y directamente incluyo al corazón;
él me da la medida exacta de tu ser,
la presencia invisible de tu forma de amar.

Recuerda que juntos somos uno,
el poder infinito de amarse es unirse;
directamente incluyo al corazón,
para que despertemos en un sueño maduro.

En la sencillez de tus palabras viviré
buscando penitencia en tu alegría de vivir;
tu sonrisa conquista hemisferios,
mientras, yo coloco mi decisión por amor.

Directamente incluyo al corazón,
para aportarle a tus sonidos el silencio;
y sentir que vives es un documento escrito,
bajo la firma de nuestro cariño.

2- TERCO

No todo en la vida se puede obtener
ni que nos crezca la nariz como Pinocho;
pero hay veces que para amar hay que ser
y no olvidarse de los consejos de Osho.

Terco siendo lo que eres y yo lo soy por soñar,
siempre buscando un sitio para escaparnos;
y existe un mundo mejor sin escatimar
los muros mentales que van a resguardarnos.

Voy avanzando con las manos para arriba,
voy olvidando las cosas perdidas;
pero tercos seremos mientras el ego viva
y no podamos sacudirlo de nuestras vidas.

Terco es mi manera de ver las cosas
y querer que sean como quiero y no como son;
terco sois cuando no disfrutáis de las rosas
y no queréis cambiar lo que no es del corazón.

3- <u>SIN LUZ Y CON LOS OJOS CERRADOS</u>

Así comienzas a despertar
sin luz y con los ojos cerrados;
cuando tu mirada calla
y en la oscuridad ve el universo.

Sin luz y con los ojos cerrados
se ven tantas cosas y tantos seres;
que omniabarcas la presencia
tan absoluta adonde perteneces.

Finalmente, se sale de un túnel
de la No presencia del cuerpo;
del absolutismo de tu esencia
sin luz y con los ojos cerrados.

Inténtalo cuando estés agobiado,
lleno de basura innecesaria;
cobijando tu mente de ego
sin luz y con los ojos cerrados.

4- <u>APOLOGÍA AL CAMPESINO</u>

El sirviente del campo se levanta
al canto puntual del gallo;
y su mujer con el café lo encanta,
mientras ensilla su caballo.

Una vez con el aroma en su boca,
el campesino ordeña vacas;
y la leche que el becerro provoca,
él la incrementa con pacas.

La tierra espera por las manos de él,
por sus bueyes enyugados;
y siempre lista la cosecha a granel
de sus huertos sembrados.

El campesino cultiva con un instinto,
utilizando la fuerza animal;
y el desarrollo que obtiene es distinto,
es una intuición natural.

La virtud lo lleva a buscar astrología
en las luces de su mirada;
el hombre en el valle ve astros de día
y en la noche, su enamorada.

Esa es la vida del simple campesino
que cuida cerdos y gallinas;
con encrucijada cruza por el destino
y halla frutas en las colinas.

El agua que bebe la saca de su pozo
y su finca es una ciudad;
no le falta el tráfico del buen retozo
de las libres en la vecindad.

Además, el campesino alimenta pavos
con las espigas de su jardín;
y al asno le pone herraduras y clavos
en su establo con piso de aserrín.

Y os digo tantas cosas del labrador,
del amigo de la guadaña;
que no existe como él un conocedor,
que sepa del río y la montaña.

5- <u>YO MISMO ME DEPORTÉ</u>

Yo mismo me deporté de mi país
querían que fuera esclavo en una isla
en busca de salvación colectiva
y cumplimientos Congraciados
para el director de la orquesta
que era el cabeza de león de ese circo.

Hoy en día veo como el tiempo pasa
para los pocos que les importa
y los muchos que luchamos por la felicidad
se le ha resbalado la existencia
pero en la escalinata de la vida
hay un protagonista que fue fiel
al menos al mismo ser que no lo encarceló.

Nadie es profeta en su tierra
y eso es lo que me excluye de serlo
porque mi ego me deporta lejos al paraíso
a la situación de vivir aislado de un Territorio
y poder navegar por el inmenso mar
donde las olas son mucho más unidas
que los hombres en la tierra.

Yo mismo me deporté adonde había libertad
para anclar donde el viento no tuviese
cortinas que lo interrumpieran
y ese es el valor por el que me siento orgulloso
y de no interesarme lo que piensen de mí
porque yo lo adquirí con valor
con la pasión que lucha un verdadero guerrero.

6- MI SUEÑO CANADIENSE

Con mi perro labrador caminé la ciudad
sin medias y un simple gorro de Canadá;
nadie me robó la bicicleta que no tenía
y con la que no pude utilizar,
para cruzar el Niágara en la noche
que me fui a ir a la frontera,
de los que hacen los sueños tan reales
que les llaman Realidad.

Mi pelo rebelde como los corderos
que no se dejan atrapar
para que no los sacrifiquen,
así se me quedó encima de mi cabeza
junto a la falta de pensamientos extranjeros
que se postularon en mi billetera.

Y mi sueño canadiense empezó tarde
Cuando el invierno ya calaba los huesos,
Mientras la noche me gritó por el día
Que me dieran la visa y no me oscureciera más,
Esa tragedia de andar de aquí para allá
Sin tener nada que ver con Canadá.

7- <u>PARA LOS QUE NO ME CONOCEN</u>

Para los que no me conocen
ya llevo 28 años explorando el planeta
con una mochila y mucha decisión;
luego de haber empezado el viaje descalzo,
cruzando a como pude sobre la geografía
y con papel y lápiz anotando de la política.

Para los que no me conocen
y para los que me han visto en los periódicos
o las noticias radiales o en los titulares de televisión;
jamás ha sido porque yo lo he pedido,
fue simplemente porque alguien
ha querido ponerme ahí.

Para los que no me conocen
soy un poeta que se ha nutrido de filosofía,
experimentando tanto en el amor como en las ciencias
pero siempre he recogido con analogía lo vivido;
y ahora ya más maduro y ubicado,
comienzo a relatar con toda mi fuerza y conocimiento
esas novelas de hechos reales en las que me vi.

8- <u>SI PENSAMOS</u>

Si pensamos constantemente en malos momentos
las canas nos saldrán antes de tiempo.
Si pensamos mucho e incorrectamente
se nos marchitará aun más la mente.

Si pensamos de una manera correcta y racional
la vida la aprenderemos a disfrutar.
Si pensamos y al pensar vemos alegría
es crucial que nos mantengamos con esa armonía.

Si pensamos negativamente nos traumatizamos
y a la desdicha nos aliamos.
Si pensamos que no sea solo por pensar
porque antes de pensar es mejor imaginar y crear.

Si pensamos no puede ser por un colectivo y lógica
porque la analogía social es hipócrita.
Si pensamos que nos haga feliz la cavilación
en busca de sincronizarnos con nuestro corazón.

9- <u>DESORBITADO POR TI, NENA</u>

Me desorbitas las células, Nena...
Yo quiero pasar inadvertido por ti
pero las ganas no me dejan;
cada vez que te veo o me acerco
para saludarte, me desorbito.

Siento que todos mis poros se abren
y desearía tener tu edad,
para poder protestar con mi cuerpo
lo que el tuyo impone.

Me desorbitas el ritmo del corazón, Nena,
yo no encuentro otro espacio para ocultarlo
porque ya vivo desorbitado desde que te conozco.
Tú sabes de mis ganas por besarte;
aplicarte toda mi experiencia a tu juventud.

Me desorbitas la mente a tal punto, Nena,
que parezco tan nene como tú;
lo qué me está pasando, yo lo sé...
Me gustas mucho químicamente
y también, puede ser, que me revives.

Desorbitado me encuentro por ti, Nena,
cuando mi rutina acudía para adaptarme a ella;
pero desde que apareciste yo escribo poesías,
entro menos al Internet y voy más a tu perfil...
Y es que me desorbitas, Nena, a tal punto,
que ya estoy desorbitado como nunca por ti.

10- <u>ÁMATE</u>

Cuando falte ternura a tus días y las dudas consuman tu vientre… Entonces, invéntate un espacio en blanco para trascender tu insatisfacción.

Cuando halles motivos absurdos como para no seguir viviendo o quejarte demasiado; recuerda que hay miles de seres perdidos y que al menos desearían tener tu salud.

Cuando sientas que esa suerte que es circunstancial, que algunos presumen y a otros les falta de tan sólo respirar, ignórala y exhálala al Olvido, sin pensar que todo está al revés y únicamente, ámate.

Ámate cuando el dorso de tu bolsillo se olvide que lo llevas vacío. Ámate cuando el cielo se oscurezca porque únicamente amándote, resplandecerás de la oscuridad que crees que te abruma.

Eres un mundo, eres un dios; eres un ser con vida y tu luz puede trascender y lograr cualquier propósito. Solamente la guía que tomes es la que te va a liberar de todo lo que te tiene rezagado. ¡La elección depende de ti!

Ámate cuando veas que tu barco está partiendo y aún tú estás en tierra. Ámate cuando las pesadillas se presenten y no puedas soñar como quieres. Pero ámate, ámate siempre que estés vivo; «Presente», combatiendo las malas influencias…

Ámate de tal manera que seas el eje del universo; lo demás, sólo se resolverá si te conviertes en AMOR.

11- <u>31 DE DICIEMBRE</u>

Un día como hoy la conocí,
un 31 de diciembre en su batey…
Y nos casamos el 21 de abril,
poco tiempo duró para mí esa ley.

Vivimos meses felices hasta que me fui,
el mundo afuera era mejor para vivirlo
y no quedarme con ella allí,
donde ninguno seríamos feliz sin sentirlo.

12- <u>MI SEUDÓNIMO ES AMAURY Y MI NOMBRE TARZÁN</u>

No me creo quien soy, ni buscando algún tipo de bipolaridad dentro de mí. Simplemente, crecí en una jungla tanto salvaje por la parte animal como la humana. Por eso hago énfasis en que hay una equivocación a la hora de llamar a mi persona, porque mi verdadero nombre esencial es "Tarzán" ...

No me faltó mucho para quedarme en taparrabos y colgado de las lianas. Gracias a la lectura y a los formidables libros que pude colectar, y me ayudaron a escapar de mi situación precaria.

Mi seudónimo es "AMAURY", un hombre que de sobreviviente rural pasó a sobrevivir en la Sociedad. Ha sido un camino tenebroso, pero también lleno de aprendizaje y colmado de las cosas más maravillosas, que uno pueda imaginar que le pasen.

13- <u>Y NO ME MIRES…</u>

Y no me mires a los ojos
que los tengo cerrados,
porque quiero estar así;
ni mires para otros lados
que estoy pensando en ti.

Y no me mires a la cara
que la tengo demacrada;
será que yo no sé amarte
y me escapo en tu mirada,
evitando el no desearte.

14- <u>Y NO TE PUEDO DESCRIBIR</u>

Sentirás como pasa el viento,
el viento que despeina tu cabellera...
Y lamentarás el trueno
que no alumbra en la noche
para espantar la oscuridad;
pero tendrás el sueño perdido
como yo esta noche,
porque no estás conmigo.

Olor a tierra, tierra mojada...
¡Qué bueno es estar contigo!
Y sobre todo de madrugada.
Nunca te cuidaría tanto,
ni te contara todo lo que siento
como lo hago.

¡Qué difícil eres de acariciar!
Si me amas como te amo,
seremos los mejores amantes
que jamás hayan existido.

Y no te puedo describir
como quisiera la musa que tengo;
eres un torbellino para la descripción.

15- <u>EL CELULAR: PARTE DE MI CUERPO</u>

Me complace tener otra parte de mi cuerpo en esta nueva Era. Ya ahora no estamos en la Era de Piedra, sino en la del Celular.

Me tranquiliza esa intranquilidad que me ocasiona que todo me controle incluyendo mis amigos, mi familia, los bancos, las farmacias, las propagandas, los jefes y compañeros de trabajo...etc.

Esta es la razón de ser y de no ser cuando no quiero pensar. En fin, todo me mantiene en la mirilla del desvelo y el control de las cosas que no puedo controlar. Pero así es el mundo, que evoluciona constantemente.

16- <u>TARDE</u>

Ya se va haciendo tarde
cuando quiero irme de paseo;
la sangre me arde
y de pensar, casi me recreo.

Tarde cuando he vivido
experimentando supervivencias;
y si he podido ser he sido
alguien con experiencias.

Está empezando anochecer
para todas las noches que vivo;
y he ganado lo que debo perder
pero tarde lo escribo.

Es tarde y no me arrepiento
porque la tardanza llega;
no importa lo que haga siento
que la vida se pega.

Quizás sea tarde para mí
cuando he visto lo que es viajar;
emigrar y no desde allá hasta aquí,
quedarse tranquilo de bienestar.

17- <u>CARILDA OLIVER LABRA</u>

La recuerdo en su Calzada de Tirry 81,
eran mis 17 marzos recién cumplidos.
Mi poesía en aquel momento era aficionada;
pero ella la miró, -como madre que mira a su hijo-
Diciéndome que me fuera lejos donde hay poesías,
y seguí su consejo y me alegro de que hoy
la pueda ver por YouTube a sus 92 años...
Aun llenita de vida, llenita de mi ciudad nativa,
del folclor provincial de mi procedencia.
Yo he quedado clavado también al sur de su garganta,
en el desorden de su amor, en el aprendizaje
que ella puede ofrecer tan sólo con existir.

Mi Carilda está llevando a José Ángel en el pecho
y su postal de Rubén Darío que él le firmó
sobre su tumba, especialmente para ella.
La dama matancera que lleva valientemente
la musa de sus entrañas, inmaculada,
aferrada a la vida de manera gloriosa.
Mi Carilda, la mujer que me hizo soñar
y creer que se podía ser un poema y no escribirlo,
cuando uno trataba de expresar lo que sentía.
Lo demás es ya problema de estilo y estudio,
pero esencia, cultura, sentido común...
Eso es innato en un poeta y ella lo lleva todo.
La Paz que ella anhela ya la tiene;
conoce el mundo, el mejor de los mundos:
el Interior...
De ese que todos queremos escaparnos
buscando viajes a lugares desconocidos,
pero no tan desconocidos, como el de uno mismo.

Carilda sonríe, yo la miro, la quiero...
Sé que sigue allí donde yo la dejé
en su Tirry adorado, en su manzana
de casi un siglo y de un espíritu invariable.

18- <u>AVANZARÉ SIN TI</u>

Hemos vivido un momento inolvidable
y la vida continúa como debe de ser,
como lo nuestro que tampoco pudo ser.
Avanzaré sin ti como indica el destino,
recogiendo lo que pueda para sopesar
ese gran intento de aceptar que no estaremos,
cuando las ganas de vernos existan
y los deseos mismos, claudiquen por pensarte.

Avanzaré sin ti en una cuerda ya estirada
porque la floja se terminó de partir con nosotros;
recogeré los frutos de los recuerdos de ti,
que me llevaré mientras viva y al más allá,
cuando ya no sintamos que ni siquiera esto existió
porque aparentemente, el tiempo cruel lo borra todo...
Yo sabré que avancé sin ti,
pero contigo en mi corazón.

19- <u>ME GUSTARÍA</u>

Me gustaría que esta noche
cuando las estrellas despierten,
tu espacio lo veas estrellado,
completamente lleno con la luna.

Me gustaría que la soledad
que puedas sentir la abraces,
sintiendo el cielo que miras
cubriéndote la piel como yo.

Me gustaría que nada malo
pase por tu bella cabecita,
y tus ideas como el agua
sean transparentes para soñar.

Me gustaría que olieras lirios
en el lateral del jardín cercano,
donde la lluvia haya dejado
los alientos de humedad para ti.

Me gustaría que la tristeza
jamás invada a tu ser iluminado;
porque tú no mereces sufrir,
sólo observa el alma del sol.

Me gustaría que partieras
sobre el caballo de las olas,
buscando encallar en la arena
tus poros con sus granitos.

Me gustaría mendigar tus besos
a los labios que se los otorgas;
pero adiestrar el eje de la tierra
para que gire tu aroma por aquí.

20- <u>RECUERDO CUANDO LLEGASTE</u>

Recuerdo cuando llegaste
a la fiesta de aquellos amigos;
vestías de gran contraste
y me miraste con los ojos fijos.

Azul, era azul mi camisa
y la canción que tocaban era Luna;
vi entre tus labios la sonrisa
y temblabas debajo de tu blusa.

Mis palabras empezaron a brotar
cuando te paraste frente a mí;
te pregunté el nombre para empezar
y de ahí salimos al confín.

Recuerdo cuando llegaste
el presentimiento que me detenía;
fue tu bello rostro lo que mostraste
para yo caer en tu vida.

21- <u>TENGO GANAS DE DARTE UN BESO</u>

Como si fuese oasis tus labios
y mi boca un camello agotado;
sediento de lectura de sabios,
es anhelo de tenerte a mi lado.

Tengo ganas de darte ese beso
que pide mi boca que te pida;
y me atrevo a decir que por eso
se siente mejor vivir con vida.

Estas son ganas llenas de besarte,
de hallar en tu piel refugio puro;
y con los deseos de ti, de acercarte
he puesto tu nombre en mi muro.

22- <u>NUBE PASAJERA</u>

Esta relación nuestra
es una nube pasajera;
que lloverá de amor sobre los dos
y después pasará a otro lado.

Pasará porque todo lo que llega pasa,
para que comience otra etapa
y lo nuestro, no será diferente
a otra nube pasajera;
también se escurrirá
como todo en la vida.

Por eso, debemos disfrutar la lluvia,
esa agua que nos proporciona el amor…
Nuestra nube pasajera como bendición
que cae del cielo para vivir;
es este romance que nos durará
el mismo tiempo que, dure el desagüe.

23- <u>IRTE SIN IRTE</u>

Muchas veces te pensé, a veces dudé;
había veces que te quería y otras veces te sentía…
Y ahora sé que te fuiste sin irte.
Y lo mío junto a lo tuyo
es nuestro amor eterno;
ya me siento mejor
desde el momento que tú reapareciste.
Besitos dulces para tu boca… tengo;
en tu vida, aun existo para ti,
aunque después que hablé contigo hoy,
una calma celestial invadió la mía.
Tienes un alma bella,
pensé que la había perdido…
Porque la última vez que te vi
fue en una foto envuelta en un turbante;
te ibas a Egipto
y te imaginé sobre camellos
y bebiendo agua de los oasis.
De hecho, cuando uno se aleja
de las personas que ha conocido o amado,
es porque las ama o las odia;
si regresas es porque que las ama
y si no regresas, es porque las odia.
Tú regresaste sin irte
y yo te hacía bien lejos de mí, de aquí,
donde habíamos vividos momentos
más sabrosos que inolvidables…
E irte y sin irte ha devuelto mi ánimo,
a vivir tranquilo nuevamente,
con tu sonrisa a mi costado.

24- <u>LA MENTIRA DEL AMOR CIBERNÉTICO</u>

Te estafan el corazón con palabras electrónicas, con llantos que no ves, pero te hacen que lo sientas. Su nombre comienza con Jota y no sabes si es real porque hay variaciones en su forma de decirlo; estoy seguro de que es casi una mentira cibernética, este amor que te prometen y profesan raramente.

No siempre en la soledad es una buena elección ni investigar y hallar cómplices en el amor por Internet. Buscar por necesidad de compañía en las redes sociales es más que un error garrafal, aunque sea más fácil...

El problema radica en que no sabes quién está detrás de la pantalla del computador, ni quién usa el teclado. El peligro empieza desde el primer Hola que contestas, desde el punto de vista que hay diferentes formas de conocer personas sin ir a la extrema confianza...

La mentira del amor cibernético no será evadida, y menos ahora que cada día somos más adictivos a esto, más esperanzados y alejados de nosotros mismos.

25- <u>LOCO MÁS LOCO QUE LOS LOCOS SOY YO</u>

Así tan loco como una cigüeña degollada
y chorreando sangre por el suelo,
es mi locura adictiva a la manera de vivir…
Ser loco como pocos que se dicen locos y no lo son;
loco más loco que los locos soy Yo,
el abismo me lanza a la misma cúspide del infierno
y es un paraíso sentirse bajo esta locura.

¿Quién puede ser tan loco como Yo?
Yo que borracho altero las moléculas del humanismo
y me dicen cuerdo los que no me conocen…
¡Qué rica se está poniendo la vida con mi locura!
Ya no tengo que esperar por psiquiatras
en salones tan llenos de gente confundida,
que jamás le ofrecerán la ayuda que necesitan.

Los locos verdaderos no están en manicomios,
ni en hospitales, ni clínicas de salud mental:
los verdaderos locos no existen como Yo,
que repudio a los gobiernos, las cláusulas
y me defeco en todo lo que tenga reglas absurdas…
Inclusive, yo no creo que haya muchos lectores
para mi literatura llena de aventuras y verdades.

26- <u>ADICTOS</u>

En este extraño remolino interior que todos llaman sentimientos o juego emocional, me debato yo por ti. Yo que sigo siendo adicto al chocolate, a ver la televisión a altas horas de la noche y ahora a platicarte por Whatsapp y Facebook el día entero.

Esta adicción no es buena ni es mala; es simplemente una adicción más que evoca a nuestras almas a acercarse sin propósito alguno de unión, sin la lujuria cruel de un cazador y su presa. Entre tú y yo la adición ha surgido libremente como un proletario que necesita ser apoyado por un líder… Pero estoy adicto de la misma forma que tú no me lo dices, que estás adicta a mí.

27- <u>RETENER TU BIOGRAFÍA</u>

Compraré un telescopio especial
para mirar tus pupilas,
para inmiscuirme en cada partícula
de tus fibras ópticas y a través de ellas,
conocer lo que has vivido sin mí.

No quiero resignarme a ese refrán
de dejar para los gusanos,
lo que se pueden comer los humanos.

Quiero investigar tu anatomía
y cuán juiciosa estás,
para ver cómo piensas
y si me dejas llegar de pirata a tu ser,
a tu cueva sentimental;
para ahí cubrirme de tu manto sensual
en la cama de algas que haré para ti,
con mis sueños bajo la luna llena.

Retener tu biografía en los puños
de las manos de mi memoria,
donde pueda investigarte;
sacar turno para acudir
a la filtración del oxígeno que inhalas,
para penetrar hasta las huellas de tus pasos
y escalar por todo tu cuerpo,
para salir de dióxido de carbono y espiarte
por todo el medio ambiente que te rodea.
Aún no entiendes que tu vida me tienta
para que la tatúe con los colores,
de tus vivencias en la mía.

Voy a retener tu biografía en mi corazón,
me vestiré de payaso si quieres,
haré piruetas y saltadillas en el portal
del palacio presidencial;
cualquier cosa por vos,
cualquier cosa por retener tu biografía,
para que lo que quede del resto de ella,
de tu existencia…,
aparezca Yo, inscrito.

28- <u>LA TENTACIÓN DEL ESPASMO</u>

Tose mi miembro viril por tu baldío
y rozo con mi mano el cielo;
más tarde cuando se ha secado tu río
comienzo a jugar con tu pelo.

Hay un montón de enredaderas
que culminan en tus espasmos locos;
y con la misma tentación tus caderas
me hacen retozar como a pocos.

Yo voy sintiendo el caudal que traes
mientras se desborda mi aceite;
y en la alquimia diminuta me atraes
ese deseo glorioso del deleite.

La tentación del espasmo contigo
abarca desde tus labios y acariciarte;
al explorar tu piel con tu ombligo
y luego oír los sonidos al quejarte.

Yo pienso que eres un remolino
que ha abatido mi nobleza de amar;
y si yo bebo agua, tú prefieres vino,
lo que te vuelve más loca de atar.

29- <u>CONTRABANDO DE SENTIMIENTOS</u>

Acabo de encontrarme
en el tejado de la cabeza,
de esos deseos que sacas al aire;
para que se ventilen frente a mis ojos
y en tu humedad olerte hasta el fin.

Eres una pieza de ajedrez
que aún no sé cómo jugar;
me paso días en vela sin ti,
procurando imaginarte cómo eres
y es un contrabando de sentimientos,
lo que sucede entre los dos.

A veces pido tregua a la vida,
resignación a la muerte;
porque trato de canjear y entender
que la necesidad de tu esencia,
es lo que me hace existir.

Este contrabando de sentimientos
me roba la pasión y es por ti;
es dinero de mercancía por amar,
no puedo correr si tienes mis pies
y la fugaz idea que podamos vernos,
me incrementa el sueldo de la soledad.

30- NUESTRA DIFERENCIA

Cierro los ojos para buscarte
y te veo como espuma sobre el mar;
luego respiro tu presencia y comienzo
un recorrido que me hace el amor.

Una venezolana diferente
con un cubano anacrónico;
no es parte de un juego económico,
es parte de una decisión anatómica.

Nuestra diferencia es sin visas,
la altura de amarnos es redonda;
imposibilidad tentativa e invariable
que nos permite fugarnos al sol.

Sin presencia no hay esclavitud,
ninguno de los dos somos esclavos;
bromeas, me gustan tus bromas
y todo contigo parece el paraíso.

Nuestra diferencia es diferente
a las diferencias comunes;
yo no te espero ni tú tampoco a mí,
sin embargo, siempre estamos juntos.

31- <u>DAME, QUE YO QUIERO DE TI</u>

Dame, que yo quiero de ti
desayunar de tu leche labial,
merendar con tu sudor de gimnasio,
almorzar junto al olor de tu champú
y cenar en tu cuerpo,
la ensalada de tu aroma y piel.

Dame, que yo quiero de ti
el paladar de tus sabores a hembra;
encomendarme sobre tus pistilos
para que se abran y me dejes pasar.

Dame, que yo quiero de ti
beber tanta agua de tus entrañas,
que las nombraré
manantiales de fuego, entre tus muslos.

Dame, que yo quiero de ti
caminar por el dibujo de tus vellos,
cederles el paso a mis dedos
al topar con tu ombligo;
mientras avanzo conmovido
por la fascinación de tenerte mía.

Dame, que yo quiero de ti
los pies que te persiguen mirándote,
la escaramuza de tus vecinos,
la piedad que adoptas al ver
un vagabundo que te anhela
y no soy yo, el que te puede tocar.

Dame, que quiero de ti
el desenlace que tiene tu osito de dormir;
que me proveas las mismas caricias,
las que les entregas a tus mascotas.

Dame, que yo quiero de ti
la montaña que abriga tu cintura,
el espesor de los sentimientos
que mezclas cuando hay romance:
entre mis manos y tu mente frágil.

32- <u>MENOS, ES MÁS</u>

Ha habido tantos escritores en el mundo, que ya no creo que mis letras alcancen a ser leídas. Por eso tropiezo con la gente que no lee, con gente que sobrevive pero que ignora que es la que enriquece mi obra.

Menos es más para alguien que observa, que atestigua lo que acontece a su alrededor. Yo soy un radar que capta las novedades y luego como periodista al fin de este universo, dibujo las imágenes vistas con letras.

Menos es más en esta antología que colecto para mis futuros lectores, o para los que jamás llegarán a leerme; pero más que menos, soy el creador y el reportero de muchas de las caricaturas interiores y exteriores que somos.

33- <u>MURIÓ</u>

Hoy acabo de cerrar la última página
que pretendía escribir contigo;
por nuestros reclamos absurdos,
ya no soporto mi inestabilidad mental.

Avísame cuando te vayas a ir
para yo también recoger mis cosas;
e irme lejos adonde no nos veamos,
porque murió el tormento de los dos.

Ciegamente vivíamos como metales
por los parásitos de la costumbre;
rompimos platos por no romper cabezas
y ahora veo lo inútil que era, porque murió.

34- <u>TE TENGO PRESTADA</u>

Si pensando voy en nosotros, que puede ser innegable,
Pero no quiero aceptarlo, tal vez porque estás muy lejos;
mientras sé que te tengo prestada y es tan desagradable,
y el tiempo nos ejecuta las vidas, poniéndonos viejos.
Con alguien estás, que le corresponde cuidarte por mí,
alguien que te besa con otros labios que no son los míos;
hablamos de todo y nada parece tener sentido para ti,
mientras yo me voy reduciendo de políticas y desvaríos.
Tu pasión es entretener a la paciencia que te entrego,
sobre todo a ratos, que necesitamos plática de Internet;
pero ahí no acaba lo que empezamos con este apego,
yo sigo esperándote como si vinieras y tú en un Cabaret.
Te tengo prestada como se presta algo que no prestarías,
como algo que es tan tuyo, íntimo y lleno de compasión;
y siendo sincero conmigo me desmoralizo todos los días,
buscando desenredar mi alma de la tuya y darte la razón.
Ya no sé qué hacer con este préstamo de tu vida a otro,
ni siquiera puedo revertir el destino e iniciar un juego;
te tengo prestada y no soy lozano ni ágil como un potro,
mi carrera de trotador se fue y casi ha apagado mi fuego.

35- <u>MI ÁNGEL NOCTURNO</u>

Tengo un ángel nocturno
que acompaña mis noches con su presencia
y mi vida durante el día.
Tengo ángel nocturno que vela mis sueños
y contesta mis letras.
Mi ángel es tan especial
que no sólo aparece en la nocturnidad,
sino hasta en mis pensamientos,
que resguarda mi borrador para revisarlo
antes que yo lo ponga en práctica.
Mi ángel nocturno me escribe exclusivamente
para saber cómo va mi existencia
o si le falta algo a mis preocupaciones.
Mi ángel es de color infinito
y de palabras indescriptibles,
porque es un ángel tierno que me acepta
y me cuida como soy;
es el único que ha sabido retroceder
cuando he querido embestir con mi malhumor.
Mi ángel nocturno lleva una carga
muy fuerte en sus alas y, aun así,
me convida a volar a cada instante que vivo.
Mi ángel nocturno tiene nombre de mujer,
mi ángel nocturno es un ser
que me costará mucho arrancarlo de mi alma.

36- <u>BELLA</u>

No hay libertad de expresión
para decirte cuán hermosa eres...
La belleza comenzó a existir
cuando tú naciste;
desde ese momento te llamas Bella.

Eres una dama que rellena el cielo
con tu magnificencia física
y las almas con tu espiritualidad;
Bella es tu nombre al representar
En toda la extensión de la palabra:
La Belleza.

37- <u>VAMOS A DISTANCIARNOS UN POCO</u>

No volvamos locos a los espacios que ocupamos,
esos momentos que llenamos con ternura
e incontrolados sentimientos.
Me ves como un amigo,
yo te veo como una mujer comprometida,
pero no hay que tentar al gato sacándole
de la ratonera al ratón.

Tú para mí eres fuego,
yo soy la madera que está esperando que la enciendan;
así que esa posibilidad existe mientras estemos cerca.
Yo sugiero que mejor nos distanciemos un poco,
tú por tu lado y yo por el mío.

Vamos a distanciarnos un poco
para poder respirar en otra atmósfera;
yo estoy libre como colibrí en el aire
pero tú eres como un gorrión enjaulado
que no sabe por qué está ahí.

Necesitas hallar las rutas del vuelo,
de la libertad de tu ser,
por eso la distancia es necesaria entre nosotros,
sobre todo, un poco para que veas la diferencia
entre ser libre y estar enjaulado.

38- <u>HE APRENDIDO A QUERERTE</u>

He aprendido a quererte
por ser lo que eres,
y eso ya es suficiente
para amarte eternamente.

He aprendido a quererte
de esa forma natural que tienes,
de tus palabras honestas
que complementan mi vida.

He aprendido a quererte
sin buscarte ni esforzar el ser,
porque el sueño de un hombre
se resume en tu esencia femenina.

39- <u>EL SABOR DEL SILENCIO</u>

Bajo las sombras de nuestras miradas
escondemos las luces de nuestros ojos,
cuando nos miramos queriendo hablarnos.
Eso trae el sabor del silencio,
esa búsqueda inquieta en dos seres
que no pueden aceptarse
y quieren verse a la vez,
que lo han hecho títeres
de las circunstancias sociales y ancestrales.
Yo deseo tanto ser tuyo
y en el sabor del silencio
puedo asumir que tú también quieres ser mía.
Puede que me equivoque,
puede que esté en lo cierto
pero el caso es que no lo sabré,
gracias al sabor de este silencio
que no dice nada
y nos habla demasiado,
pero que su sabor deja el gusto
de estar viviendo un romance exquisito
o una aventura que podría llegar.
Pero ¿quién lo sabe?,
si el silencio sólo es quietud,
desesperación y misticismo.
A ti te dejo este rollo emocional,
para que descifres este paradigma
tan tuyo como mío,
pero que en secreto debería de existir
para que no se vuelen las hojas del patio,
de tu reputación ni de la mía.

40- <u>TUS ELEMENTOS EN MÍ</u>

Un verso ha salido de mis manos
para aclarar que me falta el aire,
porque cuando respiro sin verte
mis ojos no ven nada sin ti.

Una paloma se posó en mi hombro
en busca del agua que me dabas,
y mientras bebía de tu líquido
la sed se me iba al estar contigo.

El fuego se prendió en mi cuerpo
al tener tu cercanía despampanante;
es que tu figura describe un ángel
que con sus alas aviva más mi calor.

La tierra reclamó mi temperamento
porque la hago temblar cuando llegas;
y así teniéndote se derriban piedras
que lanza tu presencia para amarte.

A tus elementos en mí les agrego otro,
mi verso como conjunto de tus virtudes;
al aire que me das, al agua que te bebo
y en esta tierra, el fuego que me prendes.

41- <u>CAMBIASTE EL CERROJO DE LA PUERTA</u>

En mi vieja computadora empolvada
cosecho mis nuevos poemas,
que dejaste de herencia para inspirarme;
y los amores del pasado reaparecen
como los muertos de las tumbas
en películas de Horror,
sin remedio de reconcilio con ninguno,
todo porque cambiaste el cerrojo de la puerta,
el umbral de mi alma a tu vida.

Bajo una expansión de búsqueda curiosa,
me ha vencido la misma sin detenerte;
el estanque de las ideas acumuladas sin tu molde
se vacían cuando se logran asimilar,
pero cambiaste el cerrojo de la puerta
para que mi recuerdo no pudiera transcender.

He perdido la costumbre de amarte,
me he adaptado a esperar el amanecer sin tu luz;
ayer se fue, lo que yo no quería que se fuera,
tus mensajes de texto se borraron,
pero no el sabor de tus labios en mi mente
que aun están tatuados en mi boca.

Crecí contigo, en tu forma de ser;
tengo que dejarte ir
como la sangre de una herida
cuando se lava con el agua,
y se va yendo descolorida
por ese tragante incipiente y de metal.

42- <u>ALEJANDRO</u>

Alejandro, es un gran ser humano,
fiel trabajador de su vida artística;
que más que amigo, es un hermano
que cubre los ecos con su voz mística.

Alejandro, vive su música arduamente:
Cantor de mujeres y no sólo de mexicanos;
sus melodías son compuestas del recipiente
más elaborado, por prodigiosas manos.

Alejandro, deja la huella de su carrera
que fusiona el Universo completo;
regocija a cada persona que lo espera
y para él, en su trayectoria, no hay reto.

Alejandro, excelente caballero y colega,
interpreta desde el fondo de su corazón;
la vida del arte lo seduce y todo lo entrega,
y suelta su alma a cabalgar en cada canción.

43- <u>TE CUIDO TU ALMA</u>

Te cuido tu alma de dama
mientras descalzo en los jardines de tu vientre;
me motivo a no pensar en la cama
si voy a estar contigo de enero a diciembre.

Te cuido tu alma y te la envío
al confín de la mía para que me ames;
para que sientas que el cuidado mío
es tan sano, para que nada más reclames.

Te cuido tu alma como los capullos
de las maripositas protegen sus orugas;
y nuestros corazones rimen murmullos
para que a la infelicidad le salga arrugas.

44- <u>MEJOR LEJOS</u>

Es mejor lejos el uno del otro, porque pienso que cerca somos un peligro. A mí me duele el distanciamiento físico, pero nada puedo hacer para que nuestras almas se junten.

El mundo es un globo donde estamos los dos, y aunque se dice que las piedras rodando se encuentran, no será nuestro caso; porque tu vida es un balance atado a la mía y eso nos va batiendo las alas del ser.

Es mejor lejos, donde el imán de la atracción espiritual esté desactivado de nuestra   presencia; para que cada cual, por el andar de su propio destino, desarrolle sin que obstruya el misticismo sensacional del otro.

Podrás extrañarme como te echo de menos yo a ti, y parecerá que por instantes o tal vez por días, el cielo se derrumbe encima de nosotros, pero es necesaria esta absurda lejanía para los dos.

Aquí me desahogo como en una de esas cartas que se escribían medio siglo atrás; pero preciso debatir los sentimientos, las emocionales con lo que está mucho más allá de la carne y de esta vida, porque lo nuestro está por encima del ranking de los amores terrenales.

45- <u>¡SALVARTE!</u>

Corta es mi vida si tú no estás.
Largas son las horas si me platicas
con tu IPhone 6 de moda.
¡Salvarte! Te salvaré con amor,
con ternura y caricias que brotan
de mi alma para que cuiden tu existencia.

He pensado que eres una flor
que se me ha perdido en el jardín de los delirios;
que te he buscado por todos lados
y no apareces ni en las páginas amarillas.

Alimenta el desierto de mi piel
con el oasis de tu cuerpo.
Refugia tus situaciones adversas
en el metal de mi corazón,
y así me enterneceré de tu sensible cuestión
para amarte y salvarte aun más con mi amor.

¡Salvarte! Salvar tu agonía perezosa
de no hallar un sitio interno para amar a plenitud.
No sentir el reclamo de mi eco sustraído
por la falta de alguien especial como tú.